DAS LESEVERGNÜ

Die Kette der
Familie von Bechstein

© 2001 - **ELI** s.r.l.
P.O. Box 6 - Recanati - Italien
Tel. +39/071/750701 - Fax +39/071/977851 - www.elionline.com

Die Kette der Familie von Bechstein von: Maria Luisa Banfi
Illustriert von: Letizia Geminiani
Ins Deutsche übersetzt von: Iris Faigle

Gedruckt in Italien - Tecnostampa - Loreto 00.83.377.0

ISBN - **978-88 - 8148 - 585 - 7**

Das sind Schüler des Hardenberg-Gymnasiums.
Anne, Martin und Georg besuchen die Klasse 3A.
Anne ist sympathisch und Georg und Martin sind sehr lustig.
Alle drei zusammen sind das Kreuz von Frau Braun, der
Deutschlehrerin.

das Kreuz: die Strafe, die Mühe

Die Schüler der Klasse 3A des Hardenberg-Gymnasiums machen am Ende des Schuljahres einen Ausflug. Sie fahren nach Falkenburg. Im Bus ruft Frau Braun alle Namen auf: „Ackermann, Brückner, Bierbichler, Daum … Martin Daum?"
„Anwesend!", antwortet Martin und winkt mit einer kleinen grünen Fahne.
„Martin, du bist albern … Förster, Funk, Klausfelder, Schuster … Anne, bist du dabei?"
Anne liest eine Modezeitschrift und antwortet nicht.
„ … Und mit Georg Ziegler sind wir dann komplett. Los geht's."
Georg ist der beste Freund von Martin.
Im Bus sitzen sie nebeneinander.

der Ausflug: eine organisierte Reise
aufrufen: die Namen und die Anwesenheit kontrollieren

albern: nicht seriös
die Modezeitschrift: eine Illustrierte

Heute trägt Frau Braun ein fröhliches, gelbes Kleid.

Auch sie ist fröhlich.

Die Lehrerin erklärt das Programm der Reise, und bald kommt der Bus auf dem Marktplatz von Falkenburg an.

Das Hotel „Zum weißen Rösslein" liegt direkt am Marktplatz.

Martin und Georg haben das Zimmer Nummer 15. Die Lehrerin hat das Zimmer Nummer 14. Das Zimmer von Martin und Georg und das Zimmer der Lehrerin sind im zweiten Stock.

Anne hat das Zimmer Nummer 6 im ersten Stock, unter dem Zimmer Nummer 14.

Die Freunde stellen das Gepäck im Zimmer ab und gehen in den Speisesaal.

Der erste Tag des Ausflugs endet mit dem Abendessen. Alle haben Hunger und sind müde.

der Stock: die Etage
das Gepäck: Koffer und Taschen

1 **Antworte.**

1. Wie heißt die Schule von Anne, Georg und Martin?

....

2. Wohin geht der Ausflug zum Ende des Schuljahres?

....

3. Wer ist der beste Freund von Martin?

....

4. Welche Farbe hat das Kleid von Frau Braun?

....

5. Wie heißt das Hotel?

....

2 **Kombiniere die Farben mit dem richtigen Wort.**

Rösslein   grün

Kleid   weiss

Fahne   gelb

3 **Setze die fehlenden Buchstaben ein.**

1. mit einer klein__ grün__ Fahne

2. ein fröhlich__, gelb__ Kleid

3. Zum weiß__ Rösslein

4. im zweit__ Stock

5. im erst__ Stock

6. der erst__ Tag

4 **Beende die Sätze.**

1. Im Bus ruft Frau Braun ....

2. Martin winkt mit einer ....

3. Anne liest eine ....

4. Die Lehrerin erklärt das ....

5. Das Zimmer von Martin und Georg ist im ....

6. Das Zimmer der Lehrerin ist im ....

7. Anne hat das Zimmer Nummer 6 ....

Am nächsten Tag.

„Martin, wach auf! Das Frühstück wartet!"

„Bitte, Georg. Noch fünf Minuten!"

Georg, Martin und Anne kommen zu spät zum Frühstück.
Frau Braun schaut die Freunde an und sagt:

„Endlich! Heute besuchen wir Schloss Falkenburg."

„Was gibt's denn in dem Schloss?", fragen die Schüler.

„Es gibt viele alte Schmuckstücke und auch eine
Gemäldegalerie."

die Gemäldegalerie: ein Raum mit Bildern

Schloss Falkenburg ist sehr groß.

Es gehört der Familie von Bechstein.

Über dem Eingang zum Schloss steht ein seltsamer Satz.

Anne fragt, was er bedeutet.

„Das ist ein Geheimnis", antwortet die Lehrerin.

Die Räume sind groß und feucht.

Frau Braun betrachtet ein Schmuckstück der Sammlung mit großem Interesse.

Es ist ein herzförmiger Anhänger, auf dem viele wertvolle Edelsteine glänzen.

Auch Anne schaut das Schmuckstück an:

„Wie schön!"

„Ja", antwortet die Lehrerin. „Das ist ein ganz besonderer Anhänger, aber er ist unvollständig."

„Warum?", fragt Anna.

Frau Braun gibt keine Antwort.

der Anhänger: ein Schmuckstück, das man an einer Kette trägt

ÜBUNGEN

1 | Wähle die richtige Antwort.

1. Martin ist
❏ hungrig
❏ durstig
❏ müde

2. Schloss Falkenburg ist
❏ groß
❏ klein
❏ mittelgroß

3. Das Schloss gehört
❏ Familie Reich
❏ Familie von Bechstein
❏ den Bewohnern der Stadt

4. Die Räume sind
❏ feucht
❏ warm
❏ kalt

5. Der Anhänger hat die
Form von
❏ einem Stein
❏ einem Herz
❏ einem Satz

2 | Richtig oder falsch?

	r	f
1. Georg, Martin und Anne kommen zu früh zum Frühstück.	☐	☐
2. Die Schüler besuchen das Schloss Falkenburg.	☐	☐
3. Es gibt viele alte Schmuckstücke.	☐	☐
4. Über dem Eingang steht ein seltsamer Satz.	☐	☐
5. Dieser Satz ist kein Geheimnis.	☐	☐

3 **Setze das Verb *sein* in der richtigen Form ein.**

Die Räume _____ groß und feucht.

Frau Braun betrachtet ein Schmuckstück der Sammlung mit großem Interesse.

Es _____ ein herzförmiger Anhänger, auf dem viele wertvolle Edelsteine glänzen.

Auch Anne schaut das Schmuckstück an:

„Wie schön!"

„Ja", antwortet die Lehrerin. „Das _____ ein ganz besonderer Anhänger, aber er _____ unvollständig."

„Warum?", fragt Anna.

Frau Braun gibt keine Antwort.

4 **Bilde Sätze.**

1. besuchen wir Heute Falkenburg. Schloss Endlich!

....

2. steht seltsamer Über dem Eingang ein Satz. zum Schloss

....

3. Anhänger. ein herzförmiger Es ist

....

4. Braun keine Antwort. Frau gibt

....

Dann besuchen die Schüler und die Lehrerin die Pinakothek.
In der Portät-Galerie sind alle Mitglieder der Familie von
Bechstein zu sehen.

Die Männer haben einen strengen Blick.

Die Frauen sind blass und haben traurige Augen.

„Das ist nicht gerade eine fröhliche Familie!",
flüstert Georg seinem Freund Martin zu.

Frau Braun hört die beiden:

„Das stimmt. Die Familie von Bechstein steht unter
einem Fluch. Alle Frauen sterben auf geheimnisvolle
Weise an ihrem fünfzigsten Geburtstag!"

die Pinakothek: eine Kunstgalerie, ein Museum
der strenge Blick: die Augen sind nicht freundlich
blass: ohne Farbe
flüstern: mit leiser Stimme sagen
der Fluch: ein geheimnisvolles Problem, das auf
der Familie lastet
sterben: ums Leben kommen

„Das ist ja schrecklich!", ruft Anne. „Wer ist der letzte Nachkomme?"

„Ich weiß es nicht", antwortet die Lehrerin. Ihr Gesicht ist sehr ernst.

Auch Anne ist ernst.

Martin und Georg schauen inzwischen das Porträt einer Frau an.

Die Frau auf dem Bild trägt den gleichen Anhänger, den sie in der Sammlung gesehen haben.

„Hier ist der Anhänger", rufen Martin und Georg. „Auf dem Bild sind beide Hälften zu sehen!"

Wo ist das Stück, das fehlt?

schrecklich: entsetzlich, sehr schlimm
rufen: laut sprechen
der Nachkomme: jüngeres Mitglied einer Familie, z.B. der Sohn oder der Enkel
inzwischen: in der Zwischenzeit
die Hälfte: das halbe Stück
fehlen: nicht da sein

1 **Antworte.**

1. Was besuchen die Schüler und die Lehrerin?

....

2. Wer sind die Personen auf den Porträts?

....

3. Was flüstert Georg Martin zu?

....

4. Was ist der Fluch der Familie von Bechstein?

....

....

5. Was trägt die Frau auf dem Bild?

....

....

2 **Wer sagt ...?**

1. Das ist nicht gerade eine fröhliche Familie!

....

2. Die Familie von Bechstein steht unter einem Fluch.

....

3. Wer ist der letzte Nachkomme?

....

4. Hier ist der Anhänger!

....

ÜBUNGEN

3 **Setze die richtigen Artikel ein.**

1. Dann besuchen _____ Schüler und _____ Lehrerin _____ Pinakothek.

2. _____ Männer haben _____ strengen Blick.

3. _____ Frauen sind blass und haben traurige Augen.

4. Frau Braun hört _____ beiden.

5. Hier ist _____ Anhänger.

6. Wo ist _____ Stück, das fehlt?

4 **Finde den Infinitiv zu diesen Verben.**

1. flüstert ....

2. hört ....

3. stimmt ....

4. steht ....

5. weiß ....

6. ist ....

7. antwortet ....

8. trägt ....

9. fehlt ....

10. sind ....

Es ist Abend. Die Schüler
machen einen Spaziergang.
Um Punkt 23.00 Uhr ruft
Frau Braun alle Namen auf
und befiehlt dann:
„Alle ins Bett!"
Anne, Martin und Georg sind
im Zimmer von Anne und
unterhalten sich.
„Die Geschichte der Familie von
Bechstein beeindruckt mich sehr", sagt
das Mädchen.
Martin und Georg machen sich über
Anne lustig. Martin springt umher wie
ein Gespenst.
Anne wendet sich ab und sagt:
„Frau Braun hat schon recht, du bist
albern. Der Fluch ist kein Scherz. Alle
Frauen der Familie von Bechstein sind auf
geheimnisvolle Weise gestorben. Lest doch!"

befehlen: kommandieren
beeindrucken: nachdenklich machen, im
Gedächtnis bleiben
sich lustig machen über: auf den Arm nehmen,
scherzen mit
das Gespenst: ein Geist, eine unwirklich Figur
sich abwenden: sich umdrehen, wegsehen

16

Anne zeigt ihnen eine Broschüre.

„Es gibt einen letzten Nachkommen, aber niemand weiß, wo er ist", liest Georg.

Martin gähnt:

„Ich bin müde. Gute Nacht, Anne. Schließ deine Türe ab.

Die Geister sind unterwegs!"

Alle im Hotel schlafen, aber mitten in der Nacht hört Anne ein Geräusch.

Anne schaut auf die Uhr: „Es ist zwei Uhr nachts, was ist denn im Zimmer der Lehrerin los?" Anne hört jetzt kein Geräusch mehr.

„Es war nur ein böser Traum", denkt das Mädchen.

das Faltblatt: eine kleine Informationsschrift, eine Broschüre
gähnen: wenn man sehr müde ist, öffnet man den Mund und gähnt
unterwegs: aktiv
das Geräusch: Lärm
Was ist los?: Was passiert?

17

ÜBUNGEN

1 **Wähle die richtige Antwort.**

1. Die Freunde gehen
❏ ins Kino.
❏ ins Museum.
❏ spazieren.

2. Anne, Martin und Georg sind
❏ im Zimmer von Anne.
❏ im Speisesaal.
❏ in der Bibliothek.

3. Anne zeigt
❏ ein Buch.
❏ eine Zeitschrift.
❏ eine Broschüre.

4. Anne hört
❏ ein Geräusch.
❏ eine Musik.
❏ einen Ton.

5. Anne schaut auf die Uhr:
❏ Es ist Mitternacht.
❏ Es ist zwei Uhr nachts.
❏ Es ist Mittag.

2 **Ordne die Sätze.**

☐ Anne, Martin und Georg sind im Zimmer von Anne und unterhalten sich.

1 Es ist Abend. Die Schüler machen einen Spaziergang.

☐ Alle im Hotel schlafen, aber mitten in der Nacht hört Anne ein Geräusch.

☐ „Es war nur ein böser Traum", denkt das Mädchen.

☐ Martin und Georg machen sich über Anne lustig.

☐ Um Punkt 23.00 Uhr ruft Frau Braun alle Namen auf und befiehlt dann: „Alle ins Bett!"

3 *Martin und Georg nehmen Anne auf den Arm* **bedeutet:**

❏ sie halten sie fest
❏ sie machen sich über sie lustig
❏ sie haben sie gern

4 **Vervollständige die Sätze mit den richtigen Präpositionen.**

ins - auf - im - über - im - um - auf

1. _____ Punkt 23.00 Uhr ruft Frau Braun alle Namen auf.

2. Alle _____ Bett!

3. Martin und Georg machen sich _____ Anne lustig.

4. Alle Frauen der Familie von Bechstein sind _____

geheimnisvolle Weise gestorben.

5. Alle _____ Hotel schlafen.

6. Anne schaut _____ die Uhr.

7. Was ist denn _____ Zimmer der Lehrerin los?

Am nächsten Morgen warten die Schüler am Eingang des Hotels auf die Lehrerin, aber Frau Braun lässt sich nicht blicken.

Die Jugendlichen wundern sich.

„Wer ruft die Lehrerin?", fragt Anne.

Georg antwortet: „Gut, das mache ich. Aber du kommst auch mit!"

Martin folgt seinen Freunden und alle drei gehen in den zweiten Stock.

Die Freunde klopfen an die Tür. Die Lehrerin antwortet nicht.

Dann versucht Martin die Tür zu öffnen.

„Sie ist auf!"

sich nicht blicken lassen: nicht kommen
sich wundern: überrascht sein
klopfen: mit dem Finger gegen die Tür schlagen, damit ein Geräusch entsteht
versuchen: probieren

Die drei Freunde gehen in das
Zimmer.
Die Lehrerin ist nicht da, aber alle ihre
Sachen liegen auf dem Boden.
„Und jetzt? Was machen wir jetzt?", fragt Martin.
„Wir sagen sofort dem Hoteldirektor Bescheid!", sagt Georg.
Sie gehen zur Rezeption zurück. Der Hoteldirektor ruft im
Polizeirevier an.
Die Polizei kommt und spricht mit unseren Freunden.
Anne erzählt, was passiert ist, aber die Polizei glaubt nicht an
eine Entführung.
Anne ist ärgerlich: „Die Polizei irrt sich, unsere Lehrerin ist in
Gefahr."

alle ihre Sachen: alles, was sie hat
Bescheid sagen: informieren
das Polizeirevier: die Polizeiwache, das Büro
der Polizei
passieren: geschehen

die Entführung: eine Person wird gegen ihren
Willen festgehalten
ärgerlich: böse
sich irren: einen Fehler machen
in Gefahr sein: riskieren

ÜBUNGEN

1 **Antworte.**

1. Auf wen warten die Schüler?

....

2. Wer geht in den zweiten Stock?

....

3. Was entdecken die drei Freunde im Zimmer der Lehrerin?

....

4. Wem sagen sie Bescheid?

....

5. Wer ruft die Polizei?

....

6. Warum ist Anne ärgerlich?

....

2 **Wähle das richtige Wort.**

1. Die Schüler sind am .... des Hotels.
(Eingang – Zimmer)
2. Alle drei gehen in den .... Stock.
(dritten – zweiten)
3. Die Tür ist .... (auf – zu)
4. Die drei Freunde gehen zur Rezeption ....
(hin – zurück)
5. Anne erzählt, dass sie um .... Uhr nachts ein
Geräusch gehört hat. (zwei – sechs)
6. Die Lehrerin ist in .... (Sicherheit – Gefahr)

3 **Beschreibe den Handlungsablauf.**

1. ....
....
....

2. ....
....
....

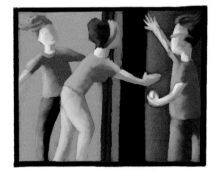

3. ....
....
....

4. ....
....
....

Anne, Martin und Georg gehen in das Zimmer der Lehrerin zurück und suchen nach neuen Indizien.

Martin und Georg durchsuchen das ganze Zimmer, Anne untersucht das Bad.

Im Bad stehen viele Schönheitscremes.

Anne öffnet eine Dose, kommt ins Zimmer zurück und schmiert Georg etwas Creme ins Gesicht.

„Anne, sei nicht albern!"

Anne lacht, aber dann sieht sie etwas in der Creme-Dose: „Was ist das?"

Anne macht das Ding mit einem Papiertaschentuch sauber:

„Es ist der Anhänger!"

Anne, Martin und Georg sind sprachlos.

das Indiz: der Hinweis
durchsuchen: überall genau nach etwas suchen
die Dose: ein kleiner Behälter
schmieren: streichen
das Ding: das Objekt
sauber machen: reinigen

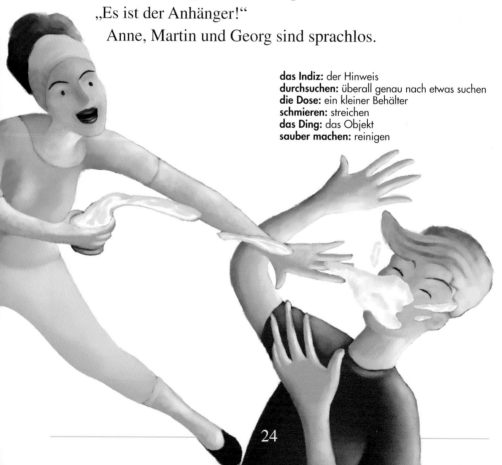

Die Hände von Anne zittern:
„Das verstehe ich nicht!"
„Das ist ganz einfach! Unsere Lehrerin ist eine Diebin", sagt Martin.
„Nein. Ich habe nur die Hälfte des Schmuckstücks in der Hand, und das ist nicht die Hälfte aus der Kollektion. Schaut her, die Steine haben eine andere Farbe! Frau Braun ist keine Diebin!"
„Dann ist das Schmuckstück also noch im Schloss, und das Stück, das du in der Hand hast, ist …",
Georg spricht den Satz nicht zu Ende.
„Ja, Georg. Ich habe die Hälfte des Schmuckstücks in der Hand, die dem letzten Nachkommen der Familie von Bechstein gehört."
„Dann ist also Frau Braun die letzte Verwandte der Familie von Bechstein", rufen die drei Freunde überrascht.

die Hände zittern: Anne kann ihre Hände nicht ruhig halten
die Diebin: eine Frau, die fremdes Eigentum an sich nimmt
die Kollektion: die Sammlung
überrascht: verwundert

1 **Ordne die Sätze.**

☐ Martin und Georg durchsuchen das ganze Zimmer, Anne untersucht das Bad.

☐ Die Hände von Anne zittern.

1 Anne, Martin und Georg gehen in das Zimmer der Lehrerin zurück.

☐ Frau Braun ist keine Diebin.

☐ Im Bad stehen viele Schönheitscremes.

☐ Dann ist also Frau Braun die letzte Verwandte der Familie von Bechstein!

2 **Wähle die richtige Antwort.**

1. Anne, Martin und Georg gehen zurück
☐ in das Hotel.
☐ in das Zimmer.
☐ in den Speisesaal.

2. Im Bad sind
☐ Seifen.
☐ Schönheitscremes.
☐ Parfüms.

3. Anne macht das Ding mit einem … sauber.
☐ Schwamm
☐ Lappen
☐ Papiertaschentuch

4. Anne hat … in der Hand.
☐ ein Schmuckstück
☐ ein Buch
☐ einen Stift

3 **Lies den Text und antworte negativ.**

1. Verstehst du das?

Nein, ...

2. Ist Frau Braun eine Diebin?

Nein, ...

3. Spricht Georg den Satz zu Ende?

Nein, ...

4. Ist das Schmuckstück der Anhänger aus der Kollektion?

Nein, ...

4 **Setze die richtigen Verben in die Sätze ein:**

suchen - sprechen - zittern - verstehen - öffnen - machen

1. Anne, Martin und Georg .... nach neuen Indizien.

2. Georg .... den Satz nicht zu Ende.

3. Anne .... das Ding mit einem Papiertaschentuch sauber.

4. Die Hände von Anna ....

5. Anne .... eine Dose und schmiert Georg etwas Creme ins Gesicht.

6. Das Mädchen ruft: „Das .... ich nicht!"

Die drei Freunde sind ratlos.
„Wie alt ist Frau Braun?", fragt Martin.
„Schauen wir mal in ihrer Tasche nach.
Vielleicht sind ihre Papiere drin",
schlägt Anne vor.
Das Mädchen öffnet die Tasche
und sucht: „Hier ist der
Personalausweis! Frau Braun
ist am 25. Mai 1950 geboren."
„Dann ist sie also fünfzig
Jahre alt", antwortet Martin.

ratlos: verwirrt, konfus
die Papiere: die Dokumente

„Nein, morgen ist der 25. Mai.
Morgen hat Frau Braun Geburtstag",
erwidert Georg.

„Verflixt! Morgen ist der verfluchte
Tag", sagt Anne besorgt.

„Was machen wir jetzt?", fragt Martin
seine Freunde.

„In dieser Geschichte gibt es eine Menge
Geheimnisse. Fangen wir im Schloss an",
schlägt Anne vor.

Verflixt!: *Ausruf.* Zu dumm!   **besorgt:** voller Sorgen

ÜBUNGEN

1 **Antworte.**

1. Wie alt ist Frau Braun?

....

2. Was sucht Anne in der Tasche von Frau Braun?

....

3. Wann ist Frau Braun geboren?

....

4. Was für ein Tag ist morgen?

....

5. Was schlägt Anne am Ende vor?

....

2 **Richtig oder falsch?**

	r	f
1. Die drei Freunde sind ratlos.	☐	☐
2. Die Lehrerin ist am 10. August 1960 geboren.	☐	☐
3. Morgen ist der 25. Mai.	☐	☐
4. Heute ist der verfluchte Tag.	☐	☐
5. In dieser Geschichte gibt es viele Geheimnisse.	☐	☐

ÜBUNGEN

3 Sieh dir den Personalausweis von Frau Braun an und
fülle dann den anderen mit deinen Angaben aus.

Vorname:
Erika

Nachname:
Braun

Adresse:
Schillerstraße 15 - München

Geburtsdatum:
25.05.1950

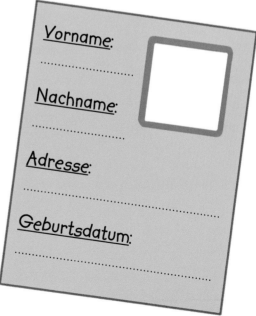

Vorname:
....

Nachname:
....

Adresse:
....

Geburtsdatum:
....

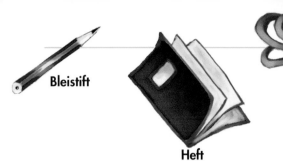
Bleistift

Heft

Seil

Vergrößerungsglas

Broschüre

Anne, Martin und Georg gehen ins Schloss.
Sie wollen neue Beweisstücke suchen.
Anne packt einen Rucksack mit einer
Taschenlampe, einem Vergrößerungsglas,
der Broschüre, einem Seil, einem Bleistift,
einem Heft und einer Wasserflasche.
Vor dem Schloss bekommt Martin Angst.
„Kehren wir um!"
„Ich kehre nicht um." Anne ist fest
entschlossen und überzeugt auch Martin und
Georg.
„Nur Mut!"
Anna zeigt Martin und Georg die Kette mit
dem Anhänger:
„Hier ist die andere Hälfte. Die zwei Teile
sind gleich, aber die Steine haben eine andere
Farbe. Und was machen wir jetzt?"

Taschenlampe

Wasserflasche

Beweisstücke: Indizien
fest entschlossen: ganz sicher, etwas
zu tun
überzeugen: den anderen dazu
bringen, dasselbe zu tun

Georg schlägt vor: „Wir gehen in die Porträt-Galerie."
Auf vielen Frauenporträts befindet sich das geheimnisvolle
Schmuckstück.
Georg nähert sich mit dem Vergrößerungsglas und schaut eine
Stelle auf dem Bild genau an:
„Schaut mal her! Hier steht *In immer kalter Nacht, kalter
dunkler Tod.*"
„Ja, aber wir wissen ja nicht, was das heißen soll!", antwortet
Martin enttäuscht.
„Auf vielen Frauenbildern ist das Schmuckstück und auch der
Satz", bemerkt Georg.
Georg macht sich Sorgen: „Wir haben nicht mehr viel Zeit,
um Frau Braun zu retten."

sich nähern: nah
herangehen an

1 **Wähle die richtige Antwort.**

1. Anne packt
❏ einen Koffer.
❏ einen Rucksack.
❏ eine Tasche.

2. Martin hat
❏ Zeit.
❏ Angst.
❏ Lust.

3. Anne zeigt die Kette mit
❏ den Steinen.
❏ dem Anhänger.
❏ dem Porträt.

4. Georg schlägt vor, ...
zu gehen.
❏ ins Hotel
❏ in die Porträt-Galerie
❏ auf den Hauptplatz

5. Auf vielen Frauenporträts
befindet sich auch
❏ der Bleistift.
❏ der Satz.
❏ der Notizblock.

2 **Im Rucksack von Anne sind 7 Gegenstände.**
Welche fehlen?

1. ....
2. ....
3. ....

3 **Wähle das richtige Verb (haben oder sein).**

1. Martin | *ist* || *hat* | Angst.

2. Georg | *ist* || *hat* | besorgt.

3. Anne | *ist* || *hat* | fest entschlossen.

4 **Finde im Text die Antonyme zu diesen Wörtern.**

1. Leben ....

2. warm ....

3. hell ....

4. Mann ....

5. Tag ....

6. anders ....

7. Mut ....

Die drei Freunde kehren ins
Hotel zurück.
„Verstecken wir den
Anhänger!", schlägt Anne vor.
Das Mädchen geht aufs
Zimmer und versteckt das
wertvolle Stück in einer
Schreibtischschublade.
Auch Martin und Georg
gehen auf ihr Zimmer.
Die Nacht im Hotel
„Zum weißen Rösslein"
verläuft ohne Zwischenfall.
Am Morgen wacht Anne
früh auf, öffnet sofort die
Schublade, um nach dem
Schmuckstück zu sehen und
schreit: „Wo ist es?!"
Anne läuft in den zweiten
Stock und klopft heftig an die
Zimmertür von Georg und
Martin: „Macht auf!"

verstecken: an einem geheimen
Ort aufheben
die Schreibtischschublade:
ein Fach im Schreibtisch,
das man herausziehen kann
ohne Zwischenfall: ohne, dass
etwas Besonderes passiert
nach etwas sehen: kontrollieren
heftig: stark

36

Die beiden sind noch im Schlafanzug: „Anne, was ist denn los?"
Anne ist böse: „Wo ist der Anhänger?"
„Wir haben das Schmuckstück nicht", antworten die beiden Jungs.
Zusammen gehen die Freunde ins Zimmer von Anne und
entdecken auf dem Schreibtisch eine altmodische, runde Brille.
„Das ist die Brille von Frau Braun!", ruft Martin. „Ich habe also
Recht, unsere Lehrerin ist eine Diebin!"
Die drei Freunde versuchen zusammenzufassen, was passiert ist,
und Georg schreibt alles in dem Heft auf:
Frau Braun ist die letzte Verwandte der Familie von Bechstein.
Heute wird sie fünfzig Jahre alt.
Wo ist die Lehrerin?

altmodisch: nicht modern

recht haben: etwas Richtiges gesagt oder getan
haben

1 **Antworte.**

1. Was schlägt Anne vor?

....

2. Wo versteckt sie das wertvolle Schmuckstück?

....

3. Was macht Anne, als sie entdeckt, dass der Anhänger weg ist?

....

4. Was finden die drei Freunde, als sie in das Zimmer von Anne gehen?

....

5. Was schreibt Georg in das Heft?

....

2 **Vervollständige die Sätze mit den richtigen Wörtern.**

1. Anne wacht .... auf. *(früh – spät)*

2. Anne versteckt das wertvolle Schmuckstück in einer

   Schublade im .... *(Schreibtisch - Schrank)*

3. Georg und Martin sind noch im ....

   (Schlafanzug – Trainingsanzug).

4. Die Freunde entdecken auf dem Schreibtisch eine

   altmodische .... *(Brille – Uhr)*

3 **Kombiniere Wort und Bild.**

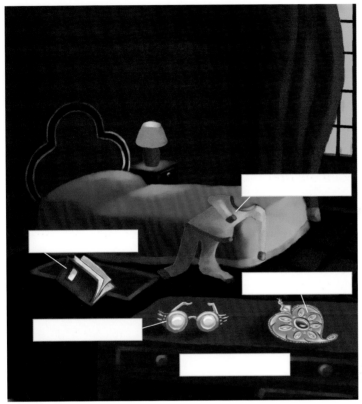

- **Anhänger**
- **Schreibtisch**
- **Schlafanzug**
- **Brille**
- **Heft**

4 **Setze die richtigen Präpositionen ein:**

> **aufs - im - ins - auf ihr - in einer**

1. Die drei Freunde kehren _____ Hotel zurück.

2. Das Mädchen geht _____ Zimmer und versteckt das wertvolle Stück _____ Schreibtischschublade.

3. Auch Martin und Georg gehen _____ Zimmer.

4. Die Nacht _____ Hotel „Zum weißen Rösslein" verläuft ohne Zwischenfall.

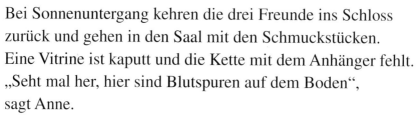

Bei Sonnenuntergang kehren die drei Freunde ins Schloss
zurück und gehen in den Saal mit den Schmuckstücken.
Eine Vitrine ist kaputt und die Kette mit dem Anhänger fehlt.
„Seht mal her, hier sind Blutspuren auf dem Boden",
sagt Anne.
Martin, Georg und Anne folgen den Blutspuren auf dem
Boden und kommen zu einem schweren Samtvorhang.
Der Vorhang verbirgt eine Tür.
„Los, gehen wir rein!", sagt Anne.
Hinter der Tür beginnt ein enger, dunkler Korridor.

bei Sonnenuntergang: am Abend
Blutspuren: kleine Tropfen Blut zeigen den Weg
der Samtvorhang: ein sehr schweres Stück Stoff
vor einer Tür oder einem Fenster
verbergen: verstecken
reingehen: betreten
der Korridor: ein schmaler Gang

Zum Glück hat Anne die Taschenlampe im Rucksack.
Im Gänsemarsch gehen die Freunde durch den Korridor und
gelangen an eine Tür.
Sie öffnen die Tür. Sie führt in ein rundes Zimmer.
„Wir sind in einem Turm!", ruft Anne. „Jetzt steigen wir nach
oben. Schaut her! Hier sind weitere Blutspuren!"
Die drei Freunde steigen eine lange Wendeltreppe hinauf und
gelangen ganz nach oben.
Schwaches Licht dringt durch eine Tür.

im Gänsemarsch: einer hinter dem anderen
gelangen an: kommen zu
die Wendeltreppe: eine runde Treppe

durch die Tür dringen: durch die Tür zu sehen
sein

ÜBUNGEN

1 Wähle die richtige Antwort.

1. Die Freunde kehren ...
ins Schloss zurück.
❏ bei Sonnenaufgang
❏ in der Nacht
❏ bei Sonnenuntergang

2. Im Saal mit den Schmuckstücken sind
❏ Blutspuren.
❏ Schlammspuren.
❏ Ölspuren.

3. Die Spuren führen zu
❏ einer Mauer.
❏ einer Tür.
❏ einem Samtvorhang.

4. Der Vorhang
verbirgt
❏ ein Fenster.
❏ eine Tür.
❏ ein Zimmer.

5. Das Zimmer ist
❏ rund.
❏ quadratisch.
❏ rechteckig.

2 Ordne die Sätze.

☐ Die drei Freunde steigen eine lange Wendeltreppe hinauf.

1 Bei Sonnenuntergang kehren die drei Freunde ins Schloss zurück und gehen in den Saal mit den Schmuckstücken.

☐ Die Kette mit dem Anhänger fehlt.

☐ Schwaches Licht dringt durch eine Tür.

☐ Martin, Georg und Anne folgen den Blutspuren auf dem Boden und kommen zu einem schweren Samtvorhang.

☐ Hinter der Tür beginnt ein enger, dunkler Korridor.

3 Hier sind 8 Wörter versteckt, die du gerade gelesen hast!

```
        U Z N V E
      M M O K D O N U N
      E Z I M M E R T O K B
    M E D F U A N H E R O U P
    S T U L B N E D A N E R G L O
  F E S O N N E N U N T E R G A N G
  N N E D N U G R O E G G N I I T R T A
M W E N D E L T R E P P E T D G A S U N E
  D O B M E D F U A N E R U O P S T R U
    L B D N I G Ä N S E M A R S C H M
    S R E I H R E H L A M T H E S
      T A S C H E N L A M P E T
```

4 Finde den Infinitiv zu diesen Verben.

1. kehren zurück ....

2. seht her ....

3. beginnt ....

4. gelangen ....

5. schaut her ....

6. steigen hinauf ....

Anne, Martin und Georg stehen vor der Tür.
Mutig, wie Anne ist, tritt sie als Erste ein.
Frau Braun steht in der Mitte des Zimmers.
Von der Decke hängt ein Seil.
Die Lehrerin trägt die Kette mit beiden
Hälften des Anhängers.
„Frau Braun!", ruft Anne. Aber die Lehrerin
hört nicht auf Anne, sie ist wie in Trance und
wiederholt ständig den gleichen Satz:
„In immer kalter Nacht, kalter dunkler Tod."
„Das ist der Satz der von Bechstein", ruft Martin.
Georg ruft Anne zu: „Nimm die Kette!"
Anne reißt Frau Braun die Kette vom Hals: „Und was mache
ich jetzt?"
Die Lehrerin wiederholt unaufhörlich den Satz der
Familie von Bechstein und
geht auf Anne zu.

mutig sein: Courage haben
in Trance sein: nicht bei
Sinnen sein, geistig
abwesend sein
unaufhörlich wiederholen:
immer wieder sagen

44

„Hilfe!", ruft Anne.

„Wirf die Kette weg!", schreit Martin.

Anne schaut nicht, wohin sie die Kette wirft, und sie landet im Kamin, mitten in den Flammen.

Wie von Zauberhand wacht Frau Braun aus ihrer Trance auf und fällt zu Boden.

Die Freunde nähern sich. Frau Braun öffnet die Augen, lächelt und sagt: „Danke!"

Anne ist traurig. Der Anhänger ist geschmolzen.

„Mach dir keine Sorgen. Ich bin eine von Bechstein, und dank dir bin ich am Leben!"

Dann sagt sie zu den drei Freunden: „Jetzt gehen wir ins Hotel zurück.

Es ist elf Uhr abends. Morgen fahren wir nach Hause und haben die letzten Schulaufgaben vor uns!"

Anne, Martin und Georg denken: „Sie ist und bleibt eben unsere Lehrerin ..."

schreien: sehr laut rufen
landen: ankommen, fallen
die Flamme: Teil des Feuers
wie von Zauberhand: auf magische, geheimnisvolle Weise

geschmolzen: kaputt
dank dir: auf Grund deiner Hilfe
die Schulaufgabe: schriftliche Prüfung

1 **Antworte.**

1. Wer geht als Erster in das Zimmer?

....

2. Wo ist Frau Braun?

....

3. Was hängt von der Decke?

....

4. Warum hört die Lehrerin nicht auf Anne?

....

5. Was wiederholt Frau Braun ständig?

....

6. Was ruft Georg Anne zu?

....

7. Was schreit Martin?

....

8. Wo landet die Kette?

....

2 **Setze die Verben im Imperativ ein.**

1. .... zu schreien! *(aufhören)*

2. Martin, ... ins Zimmer von Anne! *(gehen)*

3. Anne, ... auf die Lehrerin! *(hören)*

4. .... ruhig! *(sein)*

5. Anne, ... die Kette! *(nehmen)*

ÜBUNGEN

3 Lies den ganzen Text noch einmal und schreibe eine kurze Zusanmmenfassung.

....
....
....
....
....
....
....

4 Jetzt stell dir ein anderes Ende für die Geschichte vor und erzähle es.

....
....
....
....
....
....
....
....
....